AF337684

# LES
# BRIGANDS EN ÉGYPTE

## SOLUTION
## DE LA CRISE INTERNATIONALE

LETTRE A UN ANGLAIS

PAR

# PIERRE LERMITE

Otez la justice, que sont les empires ? —
de grandes compagnies de brigands.
(UN ANCIEN.)

PARIS | LONDRES
E. PLON ET C<sup>ie</sup>, ÉDITEURS· | KING, LIBRAIRIE PARLEMENTAIRE,
RUE GARANCIÈRE, 10. | 34, PARLIAMENT STREET.

1882

*Tous droits réservés.*

# LES

# BRIGANDS EN ÉGYPTE

## SOLUTION DE LA CRISE INTERNATIONALE

PARIS. TYPOGRAPHIE DE E. PLON ET Cⁱᵉ, RUE GARANCIÈRE, 8.

# LES
# BRIGANDS EN ÉGYPTE

## SOLUTION

### DE LA CRISE INTERNATIONALE

LETTRE A UN ANGLAIS

PAR

## PIERRE LERMITE

Ôtez la justice, que sont les empires ? —
de grandes compagnies de brigands.
(Un Ancien.)

| PARIS | LONDRES |
|---|---|
| E. PLON et Cᵢₑ, ÉDITEURS | KING, LIBRAIRIE PARLEMENTAIRE, |
| RUE GARANCIÈRE, 10. | 34, PARLIAMENT STREET. |

1882

# LES
# BRIGANDS EN ÉGYPTE

MONSIEUR,

Les anciens appelaient pirates, brigands ou bandits, tous ceux qui s'en allaient tuer, brûler et piller des nations étrangères ou des peuples amis sans juste cause et sans déclaration de guerre. Alexandre de Macédoine, pour avoir envahi plusieurs contrées sans raison de justice et sans forme de procès, fut traité de brigand par les Scythes et par Sénèque, de pirate par Lucain, et de fou furieux par les sages de l'Inde. Pierre de Russie, que nous avons surnommé le Grand, n'est pas autrement désigné en Orient pour avoir agi de même : les musulmans l'appellent Pierre le fou.

Ce n'est donc pas un terme impoli que celui de *brigand*, quand il est convenablement appliqué. Ce nom n'est malsonnant que pour ceux qui méritent de le porter; dans les affaires d'Égypte, si je démontre que ce sont les Européens, on n'aurait aucun reproche à me faire.

Malgré ces graves autorités, jointes à l'évidence

résultant de l'étude des faits et des documents, j'hési-
tais à imprimer ce titre : *les Brigands*, en tête des
lettres que vous m'avez demandées sur les affaires
d'Égypte, lorsque je reçus, de votre pays même, le
renseignement que voici :

« Un juriconsulte anglais, qui a siégé au Parlement,
sir Georges Bowyer, publie en ce moment un écrit
dans lequel il dénonce nos actes en Égypte comme
contraires à toute loi. Il conclut par la citation suivante, tirée des Pandectes :

« Ceux-là sont nos *ennemis* qui nous ont publique-
« ment déclaré la guerre, ou à qui nous l'avons ainsi
« déclarée nous-mêmes. »

« Les autres sont des *brigands* et des *pirates*. »

« Nous sommes forcés de le dire avec Pseudolus,
ajoute sir G. Bowyer : *Voilà les noms qui nous con-
viennent.* »

Cette rencontre avec sir G. Bowyer, que je n'ai pas
l'honneur de connaître et dont je n'ai pas lu l'écrit,
lève mon scrupule, et j'appelle avec lui les choses
et les personnes par leurs noms. Ma tâche est de montrer que les termes sont ici justement appliqués;
malheureusement elle ne sera pas difficile.

Je commence.

I

## L'ÉGYPTE, LE KHÉDIVE ET LE SULTAN.

Qu'est-ce que l'Égypte? Est-elle une nation indépendante, dont le Khédive serait le chef suprême, et à qui, pour une juste cause, on pourrait faire la guerre, après la lui avoir déclarée dans les formes requises?

Ou bien l'Égypte n'est-elle qu'une partie de l'empire ottoman; en sorte que les autres nations et leurs gouvernements ne sont pas en pouvoir de résoudre avec elle des litiges de droit international, de nature à entraîner le *casus belli*, et qu'elles ne peuvent en traiter qu'avec le Sultan khalife de Constantinople?

Poser ces questions pour l'Égypte, c'est comme si on les posait pour l'Irlande, ou pour le Canada, ou pour l'Algérie.

Un coup d'œil rétrospectif le fera voir.

Jusqu'en 1840, l'Égypte avait pour gouverneurs, comme les autres provinces de l'empire ottoman placées immédiatement sous l'autorité du Sultan, des pachas nommés et révocables par lui. Vers cette époque, le pacha gouverneur de l'Égypte, Méhémet-Ali, se révolta contre son souverain, et lui fit la guerre. Le gouvernement français d'alors penchait pour Méhémet-Ali, ou plutôt pour le laisser-faire, sans toutefois avoir l'intention de soutenir le pacha par les armes, encore moins de soulever une guerre à ce sujet avec qui que ce fût en Europe. La Russie trouva là une occasion de poursuivre le double objectif qui lui est cher : affaiblir l'empire ottoman, et mettre des nations européennes aux prises l'une avec l'autre. Elle gagna Palmerston, et fit naître ce qu'on appelait « la crise de 1840 ». Deux autres grandes puissances, la Prusse et l'Autriche, se joignirent à la Russie et à l'Angleterre ; la France fut mise de côté, sans qu'elle pût deviner pourquoi, et un traité fut signé à Londres le 15 juillet 1840, entre les quatre puissances et le Sultan, sous couleur de soutenir celui-ci contre son pacha révolté.

C'est en parlant de cette crise que M. de Rémusat écrivait : « Nous étions douze autour de la table du Conseil ; aucun de nous ne savait de quoi il s'agissait. Le roi sanglotait. »

Il s'agissait d'exciter une guerre entre la France et l'Angleterre. Palmerston y travaillait sous main et avec une énergie sans pareille, tout en protestant à la tribune anglaise de ses desseins pacifiques à l'égard de la France, et en affirmant, contre toute vérité, qu'il usait de procédés amicaux envers le gouvernement français. Mais, en secret, il éperonnait par lui-même et par M. Bulwer, depuis sir H. Bulwer, M. Guizot et M. de Bourqueney à Londres, et M. Thiers à Paris, en leur portant chaque jour des défis audacieux, et sanglants pour l'amour-propre français. On peut se rendre compte aujourd'hui de la vigueur de ces coups d'éperon en lisant les *lettres privées de lord Palmerston,* publiées dans sa *Vie* par M. Craven.

Heureusement, des Anglais de vos amis éventèrent le piége, et en avertirent eux-mêmes le gouvernement français, qui put l'éviter.

Restait Méhémet-Ali, le pacha d'Égypte en guerre avec le Sultan et les quatre grandes puissances signataires du traité de Londres. On donna au Pacha vingt jours pour se soumettre, à des conditions très-favorables, dont la principale était l'offre, pour lui et ses descendants en ligne directe, du pachalik d'Égypte à gouverner sous l'autorité du Sultan. Passé ce délai de vingt jours, le Sultan devait rester « le maître de retirer cette offre, et de suivre telle marche que ses intérêts et les conseils de ses alliés pourraient lui suggérer ». Méhémet-Ali n'accepta pas, et continua la lutte. Il fut vaincu; Acre fut prise par les Anglais. Les alliés du Sultan ne lui suggérèrent pas moins d'assurer le gouvernement de l'Égypte à Méhémet-Ali et à ses descendants, sous l'autorité de la Porte. Ce qui fut fait. La Russie avait ainsi atteint en partie l'un de ses objectifs : l'affaiblissement de l'empire ottoman.

Or voici les articles du traité de Londres qui règlent les rapports entre la Porte et l'Égypte, et font loi pour les Puissances européennes :

### ARTICLE III.

Le tribut annuel à payer au Sultan par Méhémet-Ali sera proportionné au territoire dont il obtiendra l'*administration...*

### Article V.

*Tous les traités* et toutes les lois de l'empire ottoman s'appliquent à l'Égypte comme à *toute autre partie* de l'empire ottoman.

Le Sultan consent qu'à condition du payement régulier du tribut susmentionné, Méhémet-Ali et ses descendants perçoivent, *au nom du Sultan* et *comme délégué de Sa Hautesse*, les taxes et impôts dans les provinces dont l'administration leur sera *confiée.* Il est entendu, en outre, que, moyennant la perception des taxes et impôts susdits, Méhémet-Ali et ses descendants pourvoiront à toutes les dépenses d'administration civile et militaire desdites provinces.

### Article VI.

Les forces de terre et de mer que pourra entretenir le pacha d'Égypte, faisant partie des forces de l'empire ottoman, seront toujours considérées comme entretenues pour le service de l'État.

Telles sont les dispositions du traité de Londres du 15 juillet 1840, et de l'*Acte séparé* y annexé, lequel « aura la même force et valeur que s'il était inséré mot à mot dans la convention de ce jour. En foi de quoi les plénipotentiaires respectifs l'ont signé et y ont apposé le sceau de leurs armes. » — Signé : PALMERSTON, NEUMANN, BULOW, BRUNNOW, CHEKIR.

Les firmans ou décrets subséquents ne pouvaient pas supprimer en droit le traité de Londres, qui fait loi pour le Sultan et les Puissances, et ils ne l'ont pas supprimé de fait. Ils l'ont simplement appliqué, en fixant le tribut annuel, en décernant le titre de khédive au pacha héréditaire, en déterminant le chiffre minimum des troupes, en déterminant les priviléges particuliers à la province d'Égypte, priviléges qui la distinguent d'un pachalik ordinaire.

Ainsi l'Égypte n'est pas une nation indépendante, non plus que l'Irlande, ou le Canada, ou l'Algérie. Elle est une province de l'empire ottoman, et le Sultan khalife de Constantinople est son souverain. Tous les traités de cet empire s'appliquent à l'Égypte comme à toute autre province de cet empire. Ses forces de terre et de mer font partie des forces de l'empire. C'est le Sultan qui *confie* l'administration intérieure de l'Égypte à Méhémet-Ali et à ses descendants. Leur autorité est un *dépôt* dont, au besoin, ils doivent compte à leur commettant. C'est au nom du Sultan et comme délégué de Sa Hautesse que le khédive perçoit les taxes et impôts. Le khédive n'est que son lieutenant héréditaire.

Cela est si vrai que l'Égypte n'a pas le droit d'envoyer ni d'accréditer des ambassadeurs ou des agents diplomatiques auprès d'aucune nation de l'Europe ni du monde. Par le fait, elle n'en envoie nulle part. Réciproquement, les autres nations n'en ont pas auprès d'elle. Il n'y a en Égypte que des agents et consuls pour les besoins des *particuliers* de leurs nations respectives, qui résident en Égypte ou font du négoce avec les Égyptiens. — M. de Freycinet, dont le langage n'a pas toujours été diplomatique, a commis, ces jours derniers, une équivoque en disant à la tribune que l'Égypte a le droit de « négocier ». Il ne pouvait l'entendre que du négoce, et non de négociations diplomatiques. « Le khédive, dit le même M. de Freycinet dans son discours du 11 mai, ne peut conclure de traités de paix et de guerre avec d'autres nations. »

Le Sultan est tellement le souverain de l'Égypte, et l'autorité privilégiée du khédive pour l'administration intérieure de cette province est si bien un dépôt dont il lui doit compte au besoin, que, en 1879, à la prière de M. Waddington, qui fit appel à sa souveraineté, le Sultan a déposé le khédive Ismaïl comme indigne, et a mis en sa place Tewfick, le khédive actuel.

Aucun doute ne peut subsister. S'il en restait une ombre dans n'importe quel esprit, l'acte récent, l'acte du jour des cinq grandes Puissances, dissiperait toutes ténèbres en faisant toute lumière. Les cinq grandes Puissances, c'est-à-dire l'Angleterre, la France, la Russie, l'Autriche et la Prusse, viennent de reconnaître que l'Égypte est une province de l'empire ottoman, et que le Sultan en est le souverain. Nous aurons à revenir sur cette singulière *Conférence*, vraie reproduction, à des nuances près, de la conférence de Londres de 1840, et sur la *Note identique* du 15 juillet 1882. En attendant, le contenu de la Note n'a que plus de prix pour l'objet qui nous occupe. On y lit :

« Les grandes Puissances, assemblées en Conférence, ont décidé de faire appel à la souveraineté du Sultan. » — Elles « l'invitent à envoyer des troupes

en Égypte » pour y « assurer les droits de l'Empire ».
Elles lui demandent de « permettre, pendant le temps
de l'occupation » demandée, « d'adopter de sages
réformes dans l'organisation militaire de l'Égypte ».
Elles lui parlent d'un « développement prudent des
institutions civiles, administratives et judiciaires *conformément aux firmans impériaux* », et enfin « des
immunités et priviléges garantis à l'Égypte », encore
« *par les firmans impériaux* ».

Il serait difficile d'affirmer en des termes plus
expressifs, et d'une manière plus complète, et la souveraineté, et tout ce qui la constitue sur un pays.

## II

### LE DROIT DES GENS DEVANT ALEXANDRIE ET AU CAIRE.

Le droit des gens, ou le droit international, comme on l'appelle aujourd'hui, a ses lois et ses règles qu'il n'est pas permis aux nations et à leurs gouvernements d'enfreindre sans qu'ils encourent les mêmes flétrissures que les infracteurs du droit privé. Un simple citoyen qui viendrait, violant la propriété d'autrui et escaladant ses clôtures, se poster, un fusil au bras et la menace à la bouche, dans la cour ou le jardin de son voisin, sous prétexte qu'il a quelque grief contre lui ou quelqu'un des siens, verrait bientôt la force publique lui mettre la main au collet, comme à une sorte d'assassin ou de fou furieux.

C'est un acte identique que viennent de faire la France et l'Angleterre, lorsque leurs vaisseaux de guerre sont venus menacer Alexandrie dans les eaux de cette ville. Elles ont commis un acte barbare. Les eaux d'Alexandrie, comme les eaux des côtes et des ports de toutes les nations, représentent parfaitement la cour ou le jardin d'un particulier. Ce point du droit international est si clair, que les usages constants et universels des peuples civilisés interdisent les eaux d'une nation aux flottes armées de n'importe quelle nation étrangère. *La haute mer à tout le monde, les eaux des côtes et des ports aux nations riveraines des côtes et propriétaires des ports :* voilà le droit maritime. Avons-nous jamais vu en temps de paix les navires de guerre anglais faire leurs évolutions dans le port de Toulon et braquer leurs canons menaçants sur ses forts?

L'acte par lequel les deux gouvernements d'Angleterre et de France ont envoyé leurs navires de guerre menacer l'Égypte dans les eaux d'Alexandrie est donc un acte de brigands et de pirates, comme l'acte de l'individu qui irait se poster dans le jardin d'un autre, la crosse du fusil à l'épaule et le doigt sur la détente, serait un acte de sauvage et de barbare.

Que doit faire l'homme privé qui a des griefs contre un autre? Il doit porter plainte devant la justice de son pays, prononçant ses arrêts au nom de la nation et de la puissance publique.

Que devaient faire la France et l'Angleterre, au cas où les mouvements intérieurs de l'Égypte auraient réellement et injustement lésé, menacé leurs nationaux dans leur vie ou dans leurs biens? Elles devaient en appeler à la souveraineté du Sultan, vrai et unique souverain de l'Égypte comme il l'est, et comme elles-mêmes, dans leur Conférence, viennent de le reconnaître; lui énoncer les dommages, les violences injustes, commis de fait par les Égyptiens contre les Européens; le mettre en demeure de les réparer comme souverain responsable; lui offrir la paix en échange de cette réparation; et s'il avait refusé, lui dénoncer les hostilités. Alors, mais alors seulement, la France et l'Angleterre auraient pu envahir les eaux d'Alexandrie autrement qu'en bandits et en pirates. Tel est le droit des gens. Parce qu'elles l'ont violé, ces noms sont les leurs. — *Mea sunt hæc cognomina*, dit avec raison sir G. Bowyer.

Voilà, Monsieur, ce qui était d'abord à dire sur l'invasion des eaux d'Alexandrie par les flottes combinées des deux nations; invasion commandée et effectuée, — avant qu'une seule goutte de sang européen ait coulé en Égypte par le fait de qui que ce soit; — avant qu'un seul des treize cent vingt-quatre Européens fonctionnaires et employés dans les ministères et les administrations de l'Égypte, et qui touchent dix millions par an sur le budget de cette province, ait été révoqué ou ait subi un centime de réduction sur son traitement; — avant qu'un seul des vingt-cinq mille Européens qui résident et trafiquent dans cette Égypte hospitalière sans payer entre eux tous un centime des taxes et impôts qui accablent les fellahs, ait reçu la plus petite feuille de contribution; en un mot, avant l'apparence même d'un tort réel fait à un sujet quelconque des nations française et anglaise.

Mais cet acte de brigandage est bien autrement criminel et odieux à cause des circonstances qui l'ont accompagné. Nous allons nous en rendre compte en examinant le crime qui l'a suivi : le bombardement d'Alexandrie.

L'entrée des vaisseaux pirates dans les eaux du port

d'Alexandrie souleva en Égypte une émotion immense et exaspéra toutes les classes de la société ; cela se conçoit. Si nous voyions, en pleine paix, l'escadre russe ou allemande pénétrer dans le port de Cherbourg et braquer ses canons menaçants sur les ports et sur la ville, il n'est pas douteux que les Français ne ressentissent des émotions très-violentes de crainte et de colère patriotique. Les Russes et les Prussiens résidant en France en un pareil moment feraient sagement de ne pas chercher querelle aux Français, et même de ne s'exposer pas imprudemment à leur animosité, soit dans les cafés, ou sur les quais et les places publiques.

L'émotion produite en Égypte et surtout à Alexandrie fut suivie d'une rixe dans laquelle un certain nombre d'Européens et d'Égyptiens furent tués ou blessés. C'était le 11 juin.

Mais sait-on qui est responsable de ce qu'on a appelé le massacre ? Sait-on qui sont ceux qui l'ont sciemment causé ?

Les journaux impriment tant de mots et publient tant de dépêches confuses, que les choses les plus graves et les plus dignes d'être remarquées passent inaperçues.

Ce sont les deux gouvernements d'Angleterre et de France qui portent cette responsabilité. Nous en avons une preuve irréfutable : leur propre aveu.

Le 14 mai, une dépêche de sir Ed. Malet, adressée du Caire à lord Granville et insérée dans le *Blue Book* (*Egypt*, nº 7), porte que « son collègue français « et lui-même sont d'avis que l'avantage politique de

« l'arrivée de la flotte coalisée devant Alexandrie sera
« si grand, qu'il faut persister dans cette résolution,
« *même en prévision d'un danger pour les Européens*
« *au Caire* ».

Ainsi, ils ont prévu le danger pour leurs nationaux, et
ils passent outre! Ils commettent de gaieté de cœur cette
énorme violation du droit des gens, qui aura encoré
pour effet de mettre en péril la vie de leurs concitoyens!

On leur a demandé à la chambre des Communes quel
était donc l'avantage politique poursuivi à ce prix. —
Sir Ch. Dilke a répondu : « Je laisse à l'honorable
membre le soin de se former lui-même son opinion là-
dessus. » — M. Mac Donnell se lève alors et insiste. Il
se plaint d'abord du peu de courtoisie de la réponse.
Puis il dit que tout le monde croyait, et la Chambre
aussi, que les vaisseaux anglais et français avaient été
envoyés pour protéger les Européens dans leur vie et
leurs propriétés. « Et voilà, ajoute-t-il, que notre agent
écrit que le but poursuivi est si important, que pour
l'atteindre il fallait exposer la vie et les biens de nos
nationaux et des autres. » — A quoi sir Charles Dilke
refuse de répondre!...

Nous sommes en droit, Monsieur, de dire à sir
Charles Dilke et aux gouvernements français et
anglais : Vous avez commis sciemment un triple
crime en violant le droit des gens par l'envoi de la
flotte devant Alexandrie, et ensuite par le bombardement des forts et de la ville, sans déclaration de guerre
en forme à la Puissance souveraine du pays, qui est

le Sultan. Criminels de ce double chef, vous êtes, de plus, responsables du sang de vos compatriotes, dont vous avez sciemment, et de votre propre aveu, provoqué ainsi l'effusion; vous êtes encore meurtriers des Égyptiens morts par le fer de vos canons et le feu de vos bombes incendiaires. Ce sang souille vos mains et vos consciences, et vous en rendrez compte au jugement de Dieu. Nous sommes autorisés de tenir le même langage à sir Beauchamp Seymour et, proportion gardée, au commandant de l'escadre française, à leurs officiers et à tous ceux qui ne sont pas incapables de connaître les devoirs de la profession militaire. Ils sont tenus de savoir, en effet, qu'ils ne doivent pas obéir à leurs gouvernements, ni tirer l'épée du commandement ou manier l'arme qui tue, sans que la déclaration de guerre ait précédé, sous peine de mériter les noms de pirates et de meurtriers. Sir Beauchamp Seymour, surtout, aurait rendu un grand service à son pays, s'il s'était souvenu de la parole de Wellington : « Les plus grandes choses en Angleterre se sont souvent faites par désobéissance »; ou encore de celle-ci adressée par un officier d'état-major à lord Raglan : « Si Wellington avait reçu un tel ordre, il n'y aurait pas obéi. » L'amiral Seymour aurait eu l'honneur immortel d'avoir épargné ou essayé d'épargner à son pays la honte, immortelle aussi, du bombardement d'Alexandrie; et s'il n'avait pas réussi à faire rougir et reculer son ministre, lui, du moins, il aurait sauvé l'honneur anglais dans sa personne.

# III

## A LA CHAMBRE DES COMMUNES.

Il reste encore, Monsieur, chez vos compatriotes, certaines notions du droit des gens. On voit qu'il leur en a été enseigné quelque peu dans les universités. Mais ce ne sont plus que des lueurs fugitives. Telles qu'elles sont, faisons-les briller; peut-être un jour redeviendront-elles une lumière vive, suffisante pour éclairer les pas des barbares qui se croient civilisés, et les ramener dans le chemin de la justice et de l'honneur.

Je vais rapporter tel, à peu près, que me l'a adressé le lendemain un de nos amis communs, le compte rendu abrégé de ce qui s'est passé à la Chambre des communes le 10 juillet, la veille du bombardement, au moment où l'on annonçait qu'il était imminent.

« Quatre membres posent coup sur coup des questions au Premier d'Angleterre.

Sir WILFRID LAWSON : N'y aura-t-il pas une déclaration de guerre, à l'effet de faire savoir pourquoi l'Angleterre veut bombarder Alexandrie?

Le vicomte FOLKSTONE : A qui devra-t-on adresser la déclaration de guerre? — Au Sultan? au Khédive? A Arabi-Pacha? (*On rit.*)

C'est alors que M. GLADSTONE fit la réponse inouïe

et mémorable qui a fait le tour de l'Europe : Il n'y a pas guerre. Le bombardement est une mesure préventive, un acte défensif de la flotte.

M. Ashmed Bartlett demande si le Sultan ou la Conférence a donné son assentiment.

Point de réponse de M. Gladstone.

M. Seely : Le bombardement ne sera-t-il pas un acte de guerre contre la Turquie, et ne devra-t-on pas rappeler notre ambassadeur de Constantinople?

M. Gladstone garde le silence.

M. Seely, insistant : L'action de la flotte ne sera-t-elle pas un acte de guerre, et, de fait, le bombardement ne constituera-t-il pas une infraction à plusieurs traités, notamment au traité de Berlin?

M. Gladstone se décide à rouvrir la bouche; il se noie dans un flux de paroles, s'excuse, dit que la question posée par M. Seely en soulève plusieurs d'une nature *délicate*, et qu'il ne veut pas répondre sans avoir étudié la question à fond.

M. Seely reprend : Mais quel est l'objet de l'action de la flotte? Est-ce qu'il y a danger pour les sujets britanniques?

M. Gladstone : Il n'y a plus de sujets britanniques là.

M. Seely : N'est-ce pas qu'il y a devant Alexandrie assez de bons vaisseaux pour détruire les forts égyptiens, quand même on y travaillerait une semaine et qu'on y porterait tous les canons de l'Égypte?

M. Gladstone ne répond pas.

Le sujet est épuisé, et l'on n'y pense plus. »

Et l'on n'y pense plus ! — Je doute que l'on puisse facilement trouver, dans les annales du genre humain, rien qui approche de ce conseil tenu au sein du premier parlement du monde. On trouve tout dans cette petite conversation, d'où dépendent les vies de milliers d'hommes et les biens de plusieurs nations. La foi publique y est revendiquée ; la sainteté des traités rappelée ; l'obligation de ne procéder pas, pour répandre le sang, à la façon des bandits de la Calabre ; de déclarer la guerre ; de *dire pourquoi* : ce qui est, en deux mots, le vrai sens de la *déclaration* de guerre ; de la déclarer à qui de droit. Il semble que rien ne manque du côté des interpellateurs, pour agir en hommes justes et honnêtes. Du côté du Premier d'Angleterre, c'est tout le contraire ; il semble que l'*amentia* est complète aussi. Il n'ouvre la bouche que pour livrer passage à une assertion aussi énorme que les canons *défensifs* de la flotte devant Alexandrie. Il ne la ferme qu'après avoir dit qu'il a besoin d'étudier les questions nombreuses et délicates qui ont été soulevées, et qu'il ne les peut résoudre sans cette étude préalable. Là-dessus, il sort de la Chambre des communes, frappe un dernier coup de télégraphe, et le bombardement d'Alexandrie commence. Et il reste Premier. Et l'on n'y pense plus !

Malgré ces contradictions, ne désespérons pas. Puisque la lumière n'est pas entièrement éteinte dans les esprits, la possibilité existe de revenir un jour aux principes élémentaires du droit des gens et de rentrer dans le chemin de la justice et de l'honneur. Mais il faut se rendre compte des errements qui en ont éloigné à ce point, dans la circonstance présente, la France et l'Angleterre. Pour cela, s'il n'est pas indispensable de raconter par le menu toutes les intrigues dont l'Égypte a été le théâtre, surtout depuis le traité de Berlin, il est au moins nécessaire d'en avoir la clef, et d'en faire un exposé sommaire.

# IV

## LA CLEF.

La clef était dans les dessous de la scène où s'est passé le traité de Berlin. C'est lord Salisbury qui l'a rapportée, et nous l'a mise en main l'an dernier, lorsqu'il a écrit, au moment de l'invasion de la Tunisie, cette fameuse et curieuse lettre à laquelle M. de Broglie faisait allusion hier encore, dans son discours au Sénat. D'après cette lettre authentique et véridique de Sa Seigneurie, voici ce qui s'est passé à Berlin. En même temps que les grandes Puissances juraient à la face du monde qu'elles garantissaient, chacune en particulier et toutes solidairement, l'intégrité de l'empire ottoman tel que le traité allait le laisser, elles se donnaient secrètement les unes aux autres la permission de le dépecer impunément. Le noble lord cite le témoignage du prince de Bismarck, parlant sans doute au nom de la Russie comme au sien; il cite son propre témoignage, et la communication faite par lui aux représentants de la France au Congrès. Il fut donc dit à l'Autriche qu'elle pourrait garder pour elle le dépôt à elle confié de la Bosnie (et s'y empêtrer à son aise); à la France, qu'elle pourrait « s'étendre en Afrique », prendre la Tunisie d'abord et y envoyer pour longtemps les forces de la nation et l'or de son budget, au profit des agioteurs. Ce qui fut dit à l'Angleterre et aux autres, lord Salisbury ne le mentionne pas, mais les faits le révèlent suffisamment : l'Angleterre pourrait aussi « s'étendre en Afrique » : c'est une compensation qui lui est due; l'Italie aurait aussi son petit morceau; il faudra bien la payer de son intervention ou de sa non-intervention. A la Russie, comme de raison, le gros lot, quoiqu'on n'en ait rien dit à Berlin, et qu'elle ait, au contraire, donné mission secrète au prince de Bismarck de faire toutes ces promesses pour obtenir la confirmation de ses gains récents au moyen de la signature du traité. Le gros lot, dis-je, à savoir la part du lion, elle se l'adjugera au moment *psychologique* où les chiens se mordront à la curée.

Nous avons encore le témoignage de M. Gambetta répondant à M. Waddington, ministre de Mac Mahon, qui lui parlait dès 1878 du projet d'invasion du pays des Khroumirs : « Non, ce n'est pas vous; c'est nous qui prendrons la Tunisie. » Ces paroles aussi sont authentiques, et M. de Broglie y a encore fait allusion dans son discours du 24 juillet.

Voilà la clef. C'est en conséquence de ces parjures, et en vue de ces iniques et barbares projets, que l'Égypte est soumise à la torture depuis quatre ans, afin qu'elle finisse par perdre patience et crier. Ses cris de souffrance et ses soubresauts au milieu du supplice lui seront imputés à crime, car il faut mettre en avant un prétexte, pour gagner les peuples. Sans la grossière invention de la prétendue férocité et des déprédations des Khroumirs, est-ce que l'invasion de la Tunisie eût été possible l'an dernier? Quoiqu'on les travaille de toutes manières avec une persistance infernale pour leur faire perdre la foi, et partant la loi avec le sens du juste, les peuples valent encore mieux que ceux qui les mènent, et ceux-ci ont encore besoin de les tromper pour leur faire accepter tant d'iniquités et leur imposer le sacrifice de leur argent et du sang des jeunes générations. On torturera donc moralement l'Égypte. Et c'est le supplicié qui sera appelé cruel et barbare, et incapable d'être autrement gouverné que « par la verge et le bâton ». On montrera aux peuples de l'Europe un mannequin horrible ; on leur criera du haut de la tribune : Voilà l'Égypte! Voilà d'autres Khroumirs ! Et les peuples de l'Europe consentiront à courir sus au monstre et à donner leur vie et leur or pour l'exterminer et le réduire en esclavage.

Entrons dans la salle des tortures savantes de nos modernes inquisiteurs : c'est un magnifique amphithéâtre; c'est un des plus beaux et des plus riches pays du monde ; c'est le delta du Nil.

## V.

CARACTÈRE ET IDÉES DES EUROPÉENS ET DES ÉGYPTIENS.

Avant d'en venir aux détails, il me semble convenable de mettre en regard les caractères et les idées des deux peuples.

En Europe, on regarde les emprunts d'État, c'est-à-dire les dettes publiques, comme une source de richesses et une marque de civilisation. La loi musulmane, au contraire, prohibe les emprunts d'État, et regarde comme un *péché* (c'est le terme) de grever les générations futures. Jusqu'en 1862, l'Égypte n'avait jamais emprunté. Le khédive Ismaïl contracta le premier emprunt cette année-là, malgré les conseils et les supplications de son ministre SAMI-BEY, qui *se jeta à ses pieds*, lui prédisant que cette mesure serait le premier pas vers la ruine et le malheur de son pays. Le ministre en mourut de chagrin, après s'être retiré des affaires. M. CRAWSHAY, votre compatriote et votre ami, a raconté ce fait au meeting de Newcastle sur la Tyne le 21 juin dernier. Il le tient du propre fils de Sami-Bey, qu'il rencontra sur le bateau à son retour d'Orient, en 1875, et avec qui il fit connaissance. Le fils de Sami s'exilait lui-même, « ne pouvant supporter plus longtemps, disait-il, de vivre dans son pays, à cause des extravagances et du luxe immodéré d'Ismaïl », à qui les Européens avaient continué de prêter de l'argent tant qu'il en voulait, comme font les Juifs aux jeunes gens de Paris et de Londres, on sait à quel prix. Le fils de Sami disait à M. Crawshay : « Vous dites que vous nous avez apporté la civilisation; avec votre or, vous nous avez apporté vos vices, qui se sont ajoutés aux nôtres. Voilà le résultat. » (*Egypt and England*, p. 10, Newcastle upon Tyne.)

Je cite ce fait pour deux raisons. Si la civilisation consiste, comme en Europe, dans les dettes publiques et le luxe, l'Égypte est civilisée. Ensuite, trouverions-nous beaucoup de ministres européens se retirant volontairement des affaires, et *mourant de chagrin* par suite d'une mesure de leurs gouvernements qu'ils jugeraient funeste; et beaucoup de leurs fils s'exilant volontairement parce qu'ils ne peuvent supporter de vivre dans leur pays, qu'ils estiment entré dans une mauvaise voie? S'il y a en Europe de la civilisation et de grands caractères, — ce que je suis loin de vouloir méconnaître, — il y en a aussi en Égypte.

Dans une dépêche du 17 octobre dernier, adressée à notre agent consulaire, M. Senkiewicz, M. Barthélemy Saint-Hilaire écrivait ce qui suit (*Blue Book, Egypt*) :

« La *prépondérance* incontestable de la France et de l'Angleterre en Égypte tient à des causes d'une force irrésistible... A la fin du siècle dernier, notre expédition, moitié scientifique, moitié militaire, a *ressuscité l'Égypte*, qui depuis lors n'a pas cessé d'être l'objet de notre sollicitude. C'est un officier français qui a organisé l'armée égyptienne (laquelle fut *honteusement battue*, dit M. Craven) sous Méhémet-Ali. En 1840, la France *risquait une guerre européenne* pour soutenir ses *droits* du vice-roi. Enfin la France a sur toutes les parties du sol égyptien une colonie très-nombreuse, qui a droit de compter sur sa protection la plus efficace. L'Angleterre, de son côté (j'abrége), a les quatre cinquièmes du transit du canal de Suez, chemin des Indes. Les deux puissances *protectrices* de l'Égypte ne sauraient lui manquer sans se manquer à elles-mêmes, à la civilisation et à l'humanité. »

Ici deux ou trois mots de réflexion, en passant : les phrases de M. le ministre des affaires étrangères sont d'un assez beau style; mais M. le ministre ne paraît pas bien connaître la crise de 1840, ni avoir lu les dépêches du maréchal Sebastiani, disant : « *Nous (le Gouvernement) sommes pour le Sultan* »; il parle des *droits* du vice-roi Méhémet-Ali, à qui le gouvernement français n'a jamais reconnu des *droits*. Enfin, il n'existe aucun article d'aucun traité qui attribue un protectorat particulier sur l'Égypte à la France ou à l'Angleterre. Peut-être M. le ministre ne parle-t-il qu'au figuré d'une protection morale et chevaleresque. Nous verrons plus loin ce qu'il en faut penser.

Le 19 du même mois d'octobre de la même année 1881, c'est-à-dire en tenant compte de la distance de Paris au Caire, tandis que cette espèce d'article de journal qu'écrivait M. le ministre arrivait à Marseille, voici ce qu'imprimait un journal égyptien, précisément sur le même sujet :

« Les Français disent que c'est la France qui a introduit la civilisation en Égypte sous Bonaparte. Comment? En faisant couler le sang égyptien? Par la tyrannie exercée sur les mamelouks? En prenant des terres pour eux-mêmes, et en détruisant des maisons pour y chercher des trésors? En imposant une énorme indemnité de guerre? » (*El Mouffid, Egypt,* n° 5, p. 2.)

Et une autre feuille arabe :

« Nous ne désirons pas expulser les étrangers de notre pays. Dans l'origine, nous les avons reçus *en qualité d'hôtes.* Mais à présent, ils se sont établis chez nous, pour protéger, disent-ils, les intérêts politiques et financiers... De là ils ont conclu que le jour de notre puissance est passé, et ils ont résolu de nous faire servir à leur propre avantage. Sous prétexte de civilisation, ils entraînent plusieurs de nos compatriotes chez eux, où règnent tous les vices; ils veulent les habituer à des manières, à des coutumes étrangères, qui leur feront oublier leur langue et la religion. Que Dieu nous préserve de cette fausse civilisation et des malheurs que l'Occident nous réserve! » (*El Bourhan,* 20 octobre 1881. — *Egypt, ibid.*)

# VI

## LES SUPPLICES.

Un peuple est un corps moral. Comme celle d'un corps humain, sa vie est dans sa tête, dans son cœur et dans ses membres. Vous torturez un homme si vous l'écorchez comme on a fait à saint Barthélemy; si vous le scalpez comme font les sauvages; si vous cherchez à l'étouffer comme fait l'ours au chasseur, en comprimant sa poitrine et son cœur, source du sang, domicile de la vie, dit votre Shakespeare. Vous torturez un peuple si vous l'écorchez par des impôts excessifs qui lui enlèvent la peau avec la laine. Vous tourmentez tout le corps d'une nation en serrant sa tête, qui est son chef, comme dans un étau, en cherchant à l'amputer de ses membres, de ses forces vives, qui sont son armée. Enfin vous lui faites endurer les angoisses de l'agonie, si vous comprimez sa vie nationale à la source même du mouvement vital, qui est son cœur.

Voilà la situation de l'Égypte depuis le traité de Berlin : et cette situation est l'ouvrage de la France et de l'Angleterre.

1. *Le fonctionnarisme étranger.* — J'ai sous les yeux les deux dépêches de sir Ed. Malet contenant « les listes détaillées des Européens employés au service du

gouvernement égyptien » (*Egypt*, n°° 4 et 6), avec leurs noms, leurs nationalités respectives et le chiffre de leurs appointements. Il y en a *treize cent vingt-quatre*. Parmi eux, je vois, entre autres, un sous-secrétaire d'État aux finances, qui touche 50,000 francs; un directeur de la comptabilité, 60,000; les deux contrôleurs de la Dette Publique (administration séparée du ministère des finances), chacun 100,000 francs; deux administrateurs en chef des domaines, chacun 80,000, et leurs employés, 420,000 francs. A la caisse spéciale de la Dette Publique (séparée du ministère des finances et du contrôle de la Dette Publique), je vois quatre directeurs gratifiés chacun de 75,000 francs. Les juges des tribunaux de première instance, au nombre de sept au Caire, de douze à Alexandrie, de quatre à Mansourah, y compris les vice-présidents, reçoivent chacun des traitements annuels de 30,000 francs; à la Cour d'appel, le vice-président, le substitut et les conseillers, chacun 40,000 francs. Ce n'est pas que la vie coûte cher en Égypte, car je remarque un garçon de bureau à 1,250 francs. Il y a des nuées d'huissiers, d'expéditionnaires, d'employés de toutes catégories. J'oubliais l'octroi, car nous avons importé en Égypte « la civilisation » tout entière, comme parle M. Barthélemy Saint-Hilaire; et l'Égypte a un inspecteur général des octrois pour 30,000 francs. Enfin, tout ce fonctionnarisme européen, qui date, pour la plus forte et la plus riche part, de 1878, dont les similaires, là où il en existe, sont beaucoup moins bien rétribués dans les plus vastes et les plus prospères contrées de l'Europe, émarge chaque année au budget de la petite Égypte, pour 10 millions! Ces 10 millions représenteraient 200 millions du budget français, si l'on usait en France de la même mesure. J'ai fait le calcul, qui est facile, en prenant pour base le chiffre total des deux budgets de France et d'Égypte.

Pas un de ces fonctionnaires ou employés ne paye un para de taxes ni d'impôts. Il en est de même des autres Européens, et en particulier des vingt mille Français qui habitent en Égypte ou y font le négoce. Les pauvres Fellahs payent seuls. Si nos gouvernements d'Angleterre et de France s'avisaient de remplir d'un pareil nombre de fonctionnaires et employés autrichiens ou prussiens leurs ministères et leurs administrations, les deux peuples se soulèveraient dans les vingt-quatre heures. En France, on s'en souvient dans les provinces occupées après la guerre par les Prussiens, qui cependant n'avaient pas envahi les postes administratifs, ils étaient à côté et au-dessus, en bien petit nombre; cette situation était pour les provinces, non plus une vie, mais comme une agonie et une mort continuelle; on n'y vivait plus que par l'espérance de la cessation prochaine et certaine de cet état de choses contre nature. Est-il étonnant d'entendre les Égyptiens dire en gémissant, après trois ans d'un pareil régime, établi en pleine paix, par pression exercée sur leur gouvernement : « Nous ne désirons pas l'expulsion des trangers. Nous les avons traités avec courtoisie ; mais

nous ne devons pas être leurs inférieurs... Le *Times*
déclare que l'Europe nous a fait beaucoup de bien par
le Contrôle qu'elle a établi chez nous. Nous disons,
au contraire, que nous avons été accablés par un fardeau écrasant. Tous les Européens reçoivent des salaires
hors de toute proportion. Mais si l'Angleterre et la
France devaient payer leur immixtion dans nos affaires,
elle ne durerait pas longtemps. Par quel droit s'y
ingèrent-elles ? Pour la route des Indes ou pour le payement des dettes de l'ancien khédive ? Si c'est pour ce
dernier objet, nous nous faisons forts de les payer
nous-mêmes... Nous aspirons après le jour où il n'y
aura plus d'Européens dans nos administrations. »
(*Blue Book, Egypt, loc. cit.*)

2. *L'armée*. — Elle fut tourmentée de bonne heure,
d'abord par le fameux ministère mixte, dans lequel
l'ancien khédive avait fait entrer trois Européens,
Nubar-Pacha, président du Conseil, et MM. Rivers
Wilson et de Blignières. Ce ministère, et surtout son
président, procéda contre l'armée, en la diminuant des
deux tiers, en renvoyant en demi-solde 2,500 officiers
et en refusant en même temps de leur payer les arrérages qui leur étaient dus. De là la première émeute
militaire, ou plutôt la première mutinerie ou rassemblement menaçant de quatre cents officiers venant
réclamer leurs arrérages en février 1879 ; de là aussi
la mise en relief d'Arabi-Pacha. Ainsi, tandis qu'ils
s'adjugent de larges traitements au budget de l'Égypte,
les Européens, soutenus par leurs gouvernements,

refusent de maigres soldes dues à des officiers inférieurs. L'armée n'a pas cessé d'être tourmentée. Sir
E. Malet, revenant, dans une dépêche, en septembre
dernier, sur la mutinerie de 1879, écrit à lord Granville : « L'armée était négligée et oubliée. Les pétitions
des officiers étaient mises de côté. » — M. Barthélemy Saint-Hilaire parle, dans ses dépêches, de « la
restreindre et même de la licencier », ou de placer à
la tête de l'armée égyptienne un « Contrôle militaire,
composé d'un général français et d'un général anglais,
comme il y en a un à la tête des finances » ! Cette
dernière imagination de cet homme d'État a même
fait l'objet d'une communication suivie avec le gouvernement anglais. Devons-nous trouver étrange de
voir cette armée nationale faire cause commune avec
la nation ? Ne sont-ce pas les mêmes souffrances qui les
réunissent ?

3. *La Chambre des notables.* — Le nouveau Khédive
voulut convoquer la Chambre des notables pour par-
tager avec elle le fardeau du gouvernement. Mais il
comptait sans *ses hôtes,* et sans doute il ne connaissait
pas l'envers du traité de Berlin. C'était une chose toute
simple que cette convocation. Elle est conforme au
traité de 1840, qui porte, vous vous en souvenez, que
« toutes les lois de l'empire ottoman s'appliquent à
l'Égypte comme à toute autre province de cet empire ». Or les plus antiques lois musulmanes demandent la réunion des notables pour participer au gouvernement. Il y a plus : Ismaïl lui-même les avait

convoqués, et avec leur aide, dans un bon moment, il payait les intérêts de la dette et avait même commencé de rembourser une partie du capital. (*Egypt and England,* p. 19.) Les Européens virent d'un mauvais œil cette tentative de Tewfik. Les deux pays parlementaires ne veulent pas de représentation nationale en Égypte! Les traités qui les lient eux-mêmes, les lois musulmanes qui obligent le Sultan souverain, le Khédive et les Égyptiens, rien ne les gêne. Ils n'en veulent pas, ou ils ne veulent que d'une chambre qui ne s'occupera pas des finances ni du budget! Ils veulent que le Khédive gouverne seul, pour qu'ils puissent eux-mêmes gouverner le Khédive. Voilà pour eux les traités et les lois. Pourtant le Khédive et la Chambre des notables étaient bien modestes. La chambre reconnaissait le Contrôle européen et déclarait n'y pas toucher; ne pas toucher davantage à la Dette Publique, ne s'immiscer en rien dans les impôts spécialement affectés au payement de la rente et à l'amortissement. Elle se restreignait à voter le budget dans ces conditions, et à contrôler seulement les fonds libres après ces charges déduites. La France et l'Angleterre n'y voulurent pas consentir. Comme cela paraît incroyable, je dois citer une ou deux dépêches *in extenso.* Tout est extrait du *Blue Book, Égypt,* n° 5.

Le 10 janvier 1882, sir E. Malet télégraphie à lord Granville la *prétention* de la Chambre des notables. Lord Granville lui répond le 11, avec quelque hésitation, non pour le présent, mais pour l'avenir :

« Le gouvernement de Sa Majesté ne veut pas se lier en faveur d'une exclusion totale et permanente de la Chambre des notables de tout contrôle sur le budget, mais il faut beaucoup de prudence en cette affaire. »

Ensuite, lord Granville télégraphie à lord Lyons à Paris pour avoir l'opinion de M. Gambetta, alors ministre des affaires étrangères; mais lord Lyons l'avait déjà, comme on le voit par une dépêche du 12 :

« M. Gambetta amena la conversation sur l'Égypte,
« écrit lord Lyons, pour avoir l'occasion d'exprimer
« une très-forte opposition contre toute participation
« de la Chambre des notables dans le budget. Il dit
« que la France et l'Angleterre doivent prendre une
« attitude très-ferme, pour ne pas encourager les pré-
« tentions des notables de toucher au budget, par
« quelque hésitation de leur part. »

Le 16 janvier, lord Granville écrit à lord Lyons d'avoir à « informer M. Gambetta que le gouverne-
« ment de Sa Majesté est du même avis que lui; que
« la proposition des notables relative à une portion du
« budget ne peut pas être acceptée, au moins dans sa
« forme actuelle, quoiqu'il s'y trouve des points
« dignes d'attention *pour plus tard* ». — En consé-
quence, sir E. Malet est averti de se joindre à son collègue français pour soutenir Chérif-Pacha dans son opposition à la demande de la Chambre sur ce chef.

Le 17 janvier, lord Lyons écrit à lord Granville et lui transmet les paroles de M. Gambetta dans un nouvel entretien :

« M. Gambetta poursuivit qu'il avait été informé
« que, au Caire, un compromis avait été mis en avant,
« consistant en ce que le rejet de la demande de la
« Chambre des notables devait être accompagné d'une
« promesse d'y faire droit à une époque plus éloignée,
« en 1885, ou plus tard. Son Excellence (M. Gam-
« betta) ajouta alors qu'il avait averti M. Senkiewicz
« de ne pas écouter un seul instant une telle propo-
« sition. »

On croit rêver en lisant cela. Quelle attitude pren-
nent ces deux nations vis-à-vis d'une troisième, sur
laquelle elles n'ont aucun droit! Car les deux ministres
des affaires étrangères sont censés exister par la volonté
de leurs nations, et ce sont les deux peuples qui parlent par leur bouche. L'Angleterre et la France
déclarent donc à l'Égypte que ni maintenant ni plus
tard sa représentation nationale ne pourra s'occuper
du budget, ni les délégués du peuple égyptien contrôler l'emploi des fonds qu'ils payent, eux et leurs
commettants, ni en tout, ni en partie. Quelle attitude
surtout prend le peuple français dans la personne de
M. Gambetta signifiant à l'Égypte, en termes si
courtois, son *Jamais!* Jamais la représentation nationale des délégués du peuple égyptien (c'est ainsi qu'on
les nomme dans le pays), jamais l'Égypte ne s'occupera de son budget !

L'avertissement envoyé à M. Senkiewicz par notre
ministre des affaires étrangères fit déborder le vase. A
Paris, il y aurait eu révolution à moins. — L'armée

aux étrangers ! les ministères et les emplois aux
étrangers ! les finances aux étrangers ! le budget aux
étrangers ! La peau écorchée, la tête dans un étau,
tout battement du cœur de la vie nationale arrêté, et
cela pour toujours, de par M. Gambetta ! — Oui, à
Paris, il en faut beaucoup moins pour faire une révolution, surtout si quelqu'un la paye. En Orient, géné-
ralement, on ne révolutionne pas : c'est un des
caractères particuliers de cette civilisation. Au lieu de
révolutionner, on résiste.

Dès le 20 janvier, un télégramme de sir E. Malet
avait signalé l'attitude irritée de la population au
Caire ; on n'épargnait pas les impropères au vice-
consul de France. Le 2 février, nouvelle dépêche
portant que « le Khédive les a convoqués au palais,
lui et son collègue français, et leur a annoncé qu'il
venait de recevoir une députation de la Chambre des
notables, demandant : 1° le changement du ministère ;
2° la signature de la loi organique votée par la Chambre
avec les articles concernant le budget ». « La députa-
« tion a dit, ajouta le Khédive, que le droit de voter
« le budget n'était pas un droit à discuter avec les
« Puissances étrangères. »

Quel simple et beau langage, Monsieur ! et que l'on
n'hésite pas, en l'entendant, à dire de quel côté l'on
mérite la verge et le bâton !

Notez que la Chambre des notables est « unanime ».
La loi organique dont il s'agit a été votée *à l'unanimité* ; c'est le *Blue Book* qui nous l'apprend (*Egypt*,

même n°). Cette unanimité montre bien que l'Egypte est capable de prendre part au gouvernement, quoi qu'en disent ses calomniateurs, et que les demandes de la Chambre des délégués sont la vraie expression des vœux du pays, souffrant dans toutes ses parties, et poussant le cri unanime que lui arrache l'oppression étrangère.

Il est inutile, pour l'objet que je me suis proposé, d'entrer dans les détails, de raconter les plaintes, les émotions, les démarches, l'agitation de ce peuple et de son armée ; d'exposer le rôle d'Arabi-Pacha, sa faveur, son influence comme chef du parti national, en un mot ce qu'on a appelé le désordre de l'Égypte. Tout s'explique : ce sont, comme je l'ai déjà dit, les cris et les soubresauts d'un patient soumis à la torture, d'un peuple littéralement *tourmenté*. Il y a toutefois deux choses à constater : la première, c'est que le *désordre* dont il s'agit a été le fait des deux gouvernements européens; la seconde, c'est que le peuple et l'armée égyptienne ont constamment respecté la vie et les biens des étrangers. Au milieu de cette longue agitation, pas un cheveu n'est tombé de la tête des Européens ; pas un Européen n'a été troublé dans son industrie ou son commerce, ni dépossédé des terres, maisons ou palais que les étrangers possèdent en Égypte, où ils ont été reçus à l'origine en qualité d'hôtes ; aucune violence n'a été faite à personne par les Égyptiens, avant l'invasion sauvage de leur port et le bombardement de leur ville.

# VII

## LA FRANCE ET L'ANGLETERRE AVAIENT-ELLES QUELQUE DROIT A S'INGÉRER DANS LE GOUVERNEMENT DE L'ÉGYPTE?

Nous avons lu les ordres brutalement signifiés par M. Gambetta au président du conseil des ministres de l'Égypte. Nous avons lu des prescriptions analogues expédiées par lord Granville. Ces seules pièces, — et il en existe une multitude de semblables, — démontrent l'ingérence des deux Puissances dans le gouvernement intérieur de l'Égypte. Y avaient-elles quelque droit? Cette question, capitale, est en même temps très-facile à résoudre. Aucune nation n'a le droit de s'immiscer dans le gouvernement intérieur d'une autre, pas plus qu'un père de famille ne saurait diriger l'intérieur du ménage de son voisin. Pour réclamer, non pas le gouvernement de la famille d'un autre, mais quelque part dans l'administration de quelqu'une de ses propriétés, il faut des titres. Entre nations, même droit : point d'ingérence sans des titres *ad hoc;* et les titres entre les nations, ce sont les traités. Or, aucun traité ni convention n'existe entre la France et l'Angleterre d'une part, et l'Égypte de l'autre, portant quoi que ce soit d'analogue. Il y a plus : il est impossible qu'il en existe, pour cette raison péremptoire que l'Égypte n'est pas une nation *sui juris*, qu'elle fait partie de l'empire ottoman, et que le Sultan est son souverain. Enfin, ni la France ni l'Angleterre n'ont de traités concernant la province d'Égypte avec le Sultan. Je me trompe : elles en ont deux : le traité de 1840 (pour la France, celui de 1841 qui confirme le précédent) et le traité de Berlin. Le premier porte que *tous les traités de l'empire ottoman s'appliquent à l'Égypte comme à toute autre province de cet empire*. Par le second, la France et l'Angleterre se sont engagées à respecter et à faire respecter l'intégrité de l'empire ottoman. S'ingérer dans le gouvernement intérieur d'une province, signifier des ordres au gouverneur de cette province dans la personne de son premier ministre, et des ordres qui concernent son budget et suppriment pour toujours les attributions essentielles de la représentation de cette province, comme ont fait les deux ministres de France et d'Angleterre, c'est attaquer l'intégrité de l'empire auquel cette province appartient. En agissant de cette manière vis-à-vis de l'Égypte, les deux ministres de France et d'Angleterre ont violé le droit des gens naturel et fait infraction au droit des gens positif, notamment au récent traité de Berlin. Ils ont faussé la foi publique et les engagements solennels de leurs propres nations. S'il existait encore en Europe des notions saines sur le droit public, et si la responsabilité des ministres des États était autre chose aujourd'hui qu'une expression grammaticale, lord Granville et

M. Gambetta seraient mis en accusation dans leur propre pays, rien que pour avoir écrit ces dépêches.

Particularité remarquable : c'est par le télégraphe et à coups de télégraphe que des ministres étrangers gouvernent et oppriment un pays qui n'appartient à aucun titre à leurs nations!

# VIII

## LES DEUX NATIONS AVAIENT-ELLES DU MOINS UN TITRE COLORÉ POUR S'INGÉRER DANS LE GOUVERNEMENT INTÉRIEUR DE L'ÉGYPTE?

Le mot de *protection* a été écrit par M. Barthélemy Saint-Hilaire, et le mot *prépondérance,* par M. de Freycinet, parlant tous deux au nom de la France à propos de l'Égypte. Quant au second de ces deux *mots,* l'amour-propre français y a répondu à la Chambre des députés par quelques applaudissements. Là-dessus, l'Angleterre a demandé à M. de Freycinet des explications, qui ont été ensuite communiquées au Parlement anglais, et desquelles il résulte que M. de Freycinet n'a pas parlé ce jour-là un langage exact. C'est vrai. Il en est de même de la *protection* de M. Barthélemy Saint-Hilaire. Aucun traité n'attribue aucune sorte de *protectorat* sur l'Égypte aux deux nations, ni à l'une des deux. Vouloir l'insinuer dans des dépêches diplomatiques, c'est prendre le contre-pied de la vérité, et c'est de l'ingratitude. Nous pourrions entamer avec M. Barthélemy Saint-Hilaire une discussion peu intéressante sur les *Pyramides* et sur la curieuse *résurrection* de l'Egypte, opérée par l' « expédition moitié scientifique, moitié militaire », de 1798,

au sujet de laquelle les Égyptiens, — nous l'avons
vu, — ne pensent pas du tout comme le naïf homme
d'État de France. Nous pourrions, en peu de mots,
faire justice du changement survenu en Égypte, soi-
disant par l'influence de la France, sous Méhémet-Ali;
et il ne nous serait pas difficile de montrer, — la chose
étant tout à fait visible à l'heure présente, — que ce
changement n'a pas été heureux pour l'Egypte. Mais
je ne vous écris pas cette lettre pour faire de la rhéto-
rique. A nous en tenir au point de vue du droit et de
la vérité, qui est le nôtre, tout ce qu'on peut dire sur
ce sujet de la *protection* à propos de l'Égypte, c'est
que les Égyptiens ont toujours protégé, depuis trois
quarts de siècle, les étrangers, et surtout les Français,
qui sont venus chez eux. Ils leur ont permis d'y
exercer l'industrie et le commerce librement, d'y
acquérir des terres, des immeubles, des maisons, des
palais, de s'y fixer, sans jamais les troubler. Par
l'effet de cette vertu antique trop oubliée en Occident,
encore exercée en Orient, les Égyptiens ont poussé
la bienveillance jusqu'à exempter *leurs hôtes* de toutes
taxes et de tout impôt. Quant aux Anglais, le Sultan
et l'Égypte les ont protégés et favorisés de même, en
autorisant cet homme de génie, M. de Lesseps, à faire
ce beau canal de Suez, leur grand et rapide chemin
vers les Indes. Les Anglais, du moins quelques-uns,
et même la nation, dans la personne de ce triste per-
sonnage, Palmerston, s'y sont bien opposés quelque
peu; vous le savez mieux que personne, Monsieur et

cher ami; mais la partie la plus saine du pays, comme on parlait autrefois, désirait et acclamait l'entreprise. Quoi qu'il en ait été, tous les Anglais apprécient aujourd'hui le bienfait et la largeur bienveillante des vues de la Turquie et de l'Égypte en leur faveur. — Voilà bien de la *protection,* s'il en fut; mais elle a été toute du côté de l'Égypte. Qu'on me permette une comparaison : la France reçoit plusieurs milliers de nationaux belges sur son sol, et encore plus d'allemands; elle leur permet de s'y établir, d'y exercer le commerce et l'industrie, sans pourtant les exempter de tout impôt. Que diraient les Français, si le gouvernement belge, s'appuyant sur ce fait, prétendait qu'il nous *protége,* ou s'il prenait envie à M. de Bismarck d'insinuer dans une dépêche que la France est sous le protectorat de l'Allemagne? En vérité, devant une telle prétention, je crois que nous serions gens à chasser, dans les vingt-quatre heures, tous les Prussiens du sol français. Il ne nous manquerait que de l'oser, et je crois que nous l'oserions.

# IX

## BARATERIE.

Que devaient faire les deux gouvernements ou les deux Puissances, dont les nationaux se trouvaient en Égypte dans des conditions si favorables, les Français y jouissant de telles immunités ; les Anglais, de ce beau chemin liquide des Indes, comme s'il leur eût appartenu ? Les premiers avaient à exercer un protectorat reconnu depuis longtemps et consenti par les Orientaux eux-mêmes : je veux dire cette protection traditionnelle, non pas sur l'Égypte comme nation ni sur aucune autre partie de l'Orient, ainsi que semble le dire M. Barthélemy Saint-Hilaire dans sa dépêche, où il confond toutes choses ; mais bien *sur les chrétiens* de ces contrées. Les uns et les autres devaient surtout se garder de s'ingérer dans le gouvernement intérieur de l'Égypte. Les dettes et les extravagances du khédive Ismaïl, les corruptions financières de l'Egypte (n'y en a-t-il que là ?), n'auraient jamais empêché les Anglais de traverser le canal de Suez ; elles n'auraient pas davantage affecté les intérêts de nos nationaux, qui, ne payant pas d'impôts, n'en pouvaient recevoir de préjudice. Que si les gouvernements français et anglais, reconnaissants des bienfaits de l'Égypte et des avantages qu'y recueillent leurs nationaux, avaient voulu rendre service à leur tour à ce pays, ils pouvaient procéder par la voie amicale des *bons conseils* auprès du Khédive, et faire appel au pouvoir souverain du Sultan, du moment où Ismaïl commença d'exagérer la dette publique; n'attendre pas, pour agir amicalement auprès du Sultan, que le mal fût invétéré, et que la dette atteignit le chiffre de 2 milliards. Dans un cas comme dans l'autre, c'est-à-dire par la voie de l'abstention comme par celle des bons conseils, sans ingérence violente dans le gouvernement, et surtout sans aller jusqu'à le supplanter, l'Angleterre protégeait efficacement son grand intérêt, la liberté du canal; et la France protégeait de même, sans peine aucune, de la manière la plus sûre et la plus efficace, *les chrétiens de ces parties de l'Orient*, qui étaient presque exclusivement ses propres nationaux.

Au lieu de tenir cette conduite, si simple, si conforme au droit et si sûre, les deux Puissances, ou plutôt les deux gouvernements eurent l'idée de changer la protection traditionnelle des chrétiens en un *protectorat des Juifs*, non pas à titre d'enfants d'Israël, mais à titre de marchands d'argent et de joueurs de Bourse, baptisés ou non; ce qui était bien différent. C'est là e point de départ de leurs agissements, qui ont abouti aux derniers excès.

Cette histoire peut se raconter assez brièvement.

En 1876, les affaires de Bourse allaient assez mal en Égypte, la Banque étant en danger de sauter, comme il arrive à Hombourg ou à Monaco. Les joueurs européens, qui exploitaient depuis quatorze ans le penchant du khédive Ismaïl, firent appel au roi des joueurs, qui a nom Rothschild, et lui insinuèrent d'avancer 200 millions pour que la roulette pût continuer de tourner. MM. de Rothschild répondent qu'ils le veulent bien, mais qu'ils ne lâcheront la monnaie qu'autant que le Khédive nommera des Européens, *désignés par leurs gouvernements,* aux fonctions de receveurs ou contrôleurs pour le service de la Dette. Naturellement Ismaïl y consent. Sur ces entrefaites, vint en Égypte M. Goschen, votre compatriote, qui avait autrefois fait partie du Cabinet anglais. C'est lui qui imagina le système de deux contrôleurs des finances égyptiennes, un anglais et un français. On sollicita les deux gouvernements de désigner les individus chargés d'occuper les places créées par le décret ou firman du Khédive du 18 novembre 1876. (*Egypt and England,* p. 10.)

Mais le gouvernement anglais, obéissant alors à un bon mouvement, refusa net. Il sentait que l'autorité politique d'une nation non-seulement ne doit pas attenter à l'autonomie d'un pays en s'immisçant dans son gouvernement sous prétexte d'affaires de Bourse, mais encore qu'il est contraire à sa dignité d'intervenir dans ces tripotages même par un acte indirect.

C'est ce que fait voir la dépêche suivante de l'agent consulaire anglais au Caire, M. C. Vivian, adressée au ministre des affaires étrangères à Londres :

« Le Caire, 7 décembre 1876.

« My Lord,

« En conformité de la dépêche de Votre Seigneurie datée du 22 du mois dernier, et des instructions transmises par télégramme le 1er du courant, j'ai l'honneur de vous envoyer copie de la lettre que j'ai adressée à Chérif-Pacha pour l'informer que le gouvernement de Sa Majesté, après avoir considéré attentivement l'affaire, est d'avis qu'il y aurait des inconvénients à désigner les individus pour remplir les nouvelles places créées en faveur des Anglais par le décret du Khédive du 18 novembre dernier. (*Ibid.*, p. 9.)

« C. Vivian. »

Malheureusement, ce bon mouvement ne dura pas. Dix-huit mois après, sous le nouveau cabinet anglais, tout change. Lord Derby écrit à l'agent consulaire, M. Vivian :

« Vous êtes autorisé à exposer *officieusement*, même en employant un langage ferme, l'extrême nécessité pour le Khédive de donner son consentement à une enquête complète, dans laquelle les intérêts des porteurs de bons seront convenablement représentés. Vous informerez Son Altesse que dans l'opinion du gouvernement de Sa Majesté, il est tout à fait désirable que le

capitaine Baring fasse partie de la Commission, et que
si Son Altesse désire qu'il soit adjoint un autre commissaire au capitaine Baring, le gouvernement de Sa
Majesté est dans la volonté de prêter les services de
M. C. Rivers Wilson pour cet objet. (*Ibid.*)

« DERBY. »

Pour la France, M. de Blignières fut désigné.

Voilà le premier pas dans la voie inique de l'ingérence des deux nations dans le gouvernement intérieur
de l'Égypte. De la représentation *officieuse*, mais for-
mulée en *langage ferme*, on en viendra aux injonc-
tions péremptoires de M. Gambetta. Vient en même
temps la plaie d'Égypte renouvelée du temps des Pha-
raons, les sautérelles, qui envahissent les fonctions et
dévorent le budget. Puis, le Khédive prendra par
*firman* des mesures relatives aux payements à faire
à ses créanciers les joueurs d'Europe, et l'on finira
par appeler ces firmans des *conventions internatio-
nales!* En langage diplomatique, cela s'appelle de la
fausse monnaie.

Ainsi, c'est pour des agioteurs que les deux nations
ou leurs ministres ont commis toutes les violations du
droit des gens que nous avons relevées.

Mais ce n'est pas même là un prétexte!

Quand les États du nord de l'Amérique et ceux du
sud ont *répudié leurs dettes,* est-ce qu'aucune Puissance au monde a songé un instant à en prendre prétexte pour intervenir dans le gouvernement intérieur

des États-Unis, jusqu'à en arriver à un *casus prædandi?*
Et l'Espagne, et la Turquie elle-même, a-t-on songé à
les traiter de la sorte en pareille occasion?

Mais les dettes de Bourse sont assimilées aux dettes
de jeu, et les dettes de jeu sont légalement nulles. Telle
est la maxime de jurisprudence reçue en France, et rappelée tout récemment, lors du krach de janvier dernier.

Mais M. Clémenceau n'a-t-il pas dit, dans son premier discours sur les crédits égyptiens, aux applaudissements de toute la Chambre, que les intérêts des
« marchands d'argent » ne peuvent jamais donner lieu
à un litige international, et ne méritent pas qu'on fasse
*couler une goutte de sang!*

C'est cependant pour cela que la France et l'Angleterre, ou plutôt leurs gouvernements, ont réduit contre
tout droit l'Égypte à l'état où nous la voyons; fait
couler sciemment le sang de leurs nationaux avec celui
des Égyptiens dans les rues d'Alexandrie et ailleurs,
bombardé le port et la ville. Quel nom mérite une
telle conduite des ministres anglais et français, je ne
dis plus vis-à-vis de l'Égypte et du Sultan son souverain, mais vis-à-vis de leurs propres nations? En droit
maritime, on appelle *baraterie* l'acte du capitaine de
vaisseau qui fraude à son profit ou au profit de tiers
la cargaison du navire qu'il commande. La cargaison
de ces deux beaux navires qui s'appellent la France
et l'Angleterre, et que vous, ministres de ces deux
nations, vous aviez la mission de conduire, c'étaient les
intérêts de vos 20,000 nationaux habitant l'Égypte,

y vivant paisiblement et y exerçant leur industrie et leur négoce sans payer de taxes ni d'impôts; — c'était l'intérêt de votre chemin des Indes, du canal que personne ne songeait à entraver, que même aujourd'hui, tandis que vous avez envahi ce pays ami, Arabi-Bey déclare à M. de Lesseps vouloir laisser libre. Les intérêts portés par ces deux navires qui sont la France et l'Angleterre, c'était enfin l'or des contribuables et la vie des marins et des soldats. Vous avez fraudé cette cargaison sacrée pour le profit des joueurs, sinon pour le vôtre : c'est de la baraterie.

# X

## LAOCOON.

Il reste, Monsieur, à relever une dernière violation
du droit, et elle n'est pas la moindre ; on peut dire
qu'elle est la plus odieuse et en même temps la plus
funeste : la plus odieuse, parce qu'elle est une véritable
moquerie des engagements les plus formels ; la plus
funeste, parce que, sans elle, malgré toutes les autres,
les malheurs actuels auraient été conjurés.

Je veux parler de cette obstination inique, incroyable, des deux gouvernements, à empêcher, contre
tout droit, le Sultan de rétablir l'ordre en Égypte, et
de cette prétention, non moins inique et non moins
insupportable, de vouloir, contre tout droit, intervenir
eux-mêmes.

L'Égypte est une province de l'empire ottoman ;
les traités et les décrets ou firmans rendus en conséquence établissent que le Pacha ou Khédive la
gouverne au nom du Sultan, qui en est le souverain.
Sous le prétexte que le Sultan, en vertu de ses firmans, n'intervient pas ordinairement dans l'administration intérieure de l'Égypte, les gouvernements
français et anglais ont prétendu qu'il n'a pas le
droit de s'en occuper même dans les circonstances

les plus exceptionnelles où l'ordre est troublé.

Mais quand donc exercera-t-il sa souveraineté, si ce n'est dans ce cas? On peut dire en toute vérité que les deux gouvernements ne reconnaissent cette souveraineté qu'en paroles, et qu'en réalité ils la nient impudemment. Au reste, cette chicane pitoyable ne mérite pas que l'on s'y arrête.

La Conférence, dont la France et l'Angleterre font partie, l'a réduite à néant, en *faisant appel à la souveraineté du Sultan pour l'inviter à envoyer des troupes afin de rétablir l'ordre en Égypte.*

S'il lui appartient de le faire à présent, pourquoi l'en avez-vous empêché depuis dix mois?

Cette conduite est d'autant plus odieuse et inique, que le peuple et l'armée avec Arabi-Pacha, et le Khédive lui-même avec son ministère, désiraient et demandaient au Sultan et ses bons offices et ses ordres dans la crise que traversait le pays.

En effet, en septembre 1881, l'armée, réunie dans Abdin Square, la grande place du Caire, demande : 1° le changement du ministère, 2° la convocation de la Chambre des notables, et 3° l'élévation de l'armée à 18,000 hommes, minimum fixé par les firmans impériaux. Le Khédive accorde le premier point, et déclare que, pour les deux autres, il s'en rapportera à la Sublime Porte. Ce seul mot, *la Sublime Porte,* suffit, et les troupes retournent dans leurs casernes en attendant l'arrivée de l'envoyé du Sultan. En même temps, Arabi-Pacha adressait à tous les agents des Puissances un court document dans lequel il déclarait que l'armée n'avait ainsi agi que par suite des « intrigues dirigées contre elle depuis le 1er février 1881. A partir de cette époque, dit-il, l'armée a été l'objet d'oppression et de menaces. Ces menées ont redoublé depuis le retour du Khédive au Caire, dans le but de semer la désunion parmi les troupes pour pouvoir le détruire plus facilement. »

Il conclut ainsi : « Dans cet état de choses, nous « estimons de notre devoir de défendre nos vies et « nos intérêts, en attendant l'*expédition d'un ordre de* « *la Sublime Porte,* pour la protection de notre pays « et des personnes qui l'habitent. Je vous adresse « cette présente lettre pour vous assurer que nous « continuons de protéger tous les intérêts de tous les « citoyens des Puissances amies. »

Ainsi Arabi et l'armée attendent des ordres et la protection de la Sublime Porte.

En même temps encore M. Cookson, le consul anglais, écrit à son chef à Londres que son collègue français et lui sont allés trouver le Khédive, et que celui-ci en fait autant : « Le Khédive a télégraphié à Constantinople ce qui vient de se passer, et a demandé l'envoi de vingt bataillons de soldats turcs pour rétablir l'ordre. » (*Egypt,* n° 3, p. 5.)

C'est M. Cookson lui-même qui servait d'intermédiaire entre l'armée et le Khédive lors de ce rassemblement du 9 septembre. C'est lui-même qui propose au Khédive et à ses ministres de répondre aux officiers que « le Khédive *est en communication avec la Sublime Porte* au sujet de leurs demandes ». (*Ibid.*)

Nous allons voir comment les deux gouvernements français et anglais vont agir.

LORD GRANVILLE A LORD DUFFERIN, A CONSTANTINOPLE.

« 18 septembre 1881.

« Si le Sultan propose d'envoyer un général (com-
« missaire) turc au Caire pour aider au rétablissement
« de l'ordre, j'ai à prier Votre Excellence de chercher
« à détourner Sa Majesté de faire une telle démarche.

« GRANVILLE. »

LE MÊME AU MÊME.

« 21 septembre 1881.

« L'ambassadeur français m'a lu une dépêche de
« M. BARTHÉLEMY SAINT-HILAIRE, par laquelle il désap-
« prouve dans les termes les plus forts l'envoi ou
« d'un général turc ou d'une armée turque.

« GRANVILLE. »

LORD DUFFERIN A LORD GRANVILLE.

9 octobre 1881.

Longue dépêche qui contient de curieuses révéla-
tions. On y voit qu'un jour le gouvernement anglais
avait *oscillé*. Lord Dufferin avait reçu de Londres un
télégramme portant que le gouvernement de S. M. la
Reine « n'avait pas d'objection contre l'envoi d'un
commissaire turc en Égypte, d'accord avec l'Angle-

terre et la France ». Mais lord Dufferin voit M. Tissot, et, sans lui montrer son télégramme, il lui dit que « le gouvernement de la Reine ne désapprouvait pas *autant* un haut commissaire que l'envoi de troupes turques en Égypte ». M. Tissot lui répondit : « C'est une nuance importante; car je viens de recevoir un télégramme de M. Barthélemy Saint-Hilaire, par lequel il m'est strictement enjoint de m'opposer au départ d'un commissaire turc, avec autant de force qu'à l'envoi d'une force militaire ottomane. » — Lord Dufferin laisse son télégramme en poche et emboîte le pas.

Enfin on lit, toujours au *Livre bleu* (*Egypt*, nº 8, p. 38), le récit d'un entretien de lord Dufferin avec Saïd-Pacha, ministre des affaires étrangères de l'empire ottoman. Après une conversation laborieuse, Saïd-Pacha demande : « Qu'arriverait-il si le Sultan exerçait ses droits malgré l'opposition des Puissances? » Lord Dufferin ne craint pas de lui répondre, en voilant la menace sous une forme adoucie : « Je dirais, parlant seulement en mon caractère privé, que le résultat serait très-probablement la perte de l'Égypte pour le Sultan. »

Il est inutile de multiplier les citations. Le fait est d'ailleurs suffisamment connu. Ainsi, voilà les deux Puissances qui, contre tout droit, n'en ayant elles-mêmes aucun sur l'Égypte, interdisent, par la violence et la menace, l'exercice légitime et nécessaire de la souveraineté de la Porte pour le rétablissement de l'ordre en Égypte.

Cependant, à un moment donné, le Sultan, contraint par lord Dufferin de donner contre-ordre aux vaisseaux prêts à partir pour y transporter des troupes, avait envoyé deux personnes, disant qu'on ne pouvait pas trouver mauvais « qu'il envoyât complimenter le Khédive et lui porter l'assurance de sa bienveillance ». La seule arrivée de ces deux envoyés produisit un effet si heureux que sir E. Malet en écrivit à Londres un compte rendu très-favorable, disant que le calme renaissait en Égypte. — Aussi il faut qu'ils partent au plus vite. Les gouvernements de France et d'Angleterre avaient eu le projet d'envoyer chacun un vaisseau à Alexandrie pendant l'hiver, « pour servir, disaient-ils, de lieu de refuge à leurs sujets en cas de danger ». Le Sultan leur représente tout ensemble, et la violation du droit qu'ils vont commettre, et l'effet déplorable qu'une telle démarche ne manquera pas de produire sur les populations égyptiennes, savoir le péril d'une émeute. Lord Dufferin répond : « Que le Sultan rappelle ses commissaires, et le vaisseau anglais se retirera ! » Le vaisseau anglais ne séjourna, dans cette circonstance, qu'*une nuit* devant Alexandrie. Le Sultan dut s'exécuter.

Ainsi commence le supplice de ce nouveau Laocoon[1]. Il veut aller au secours de son peuple étreint dans les lacets des mangeurs d'or, et qui l'appelle dans sa détresse. On le cloue sur place.

[1] Λαοχόων, rempart ou défenseur du peuple.

# XI

## L'INIQUITÉ SUPRÊME ET UNIVERSELLE.

Il ne restait plus aux deux Puissances qu'une étape à franchir pour atteindre les sommets de l'iniquité. Après avoir empêché le Sultan, dont les mains étaient liées, de pacifier l'Égypte par l'exercice de son pouvoir incontestable de souverain, ce n'était pas assez : elles usurpèrent pour elles-mêmes ce pouvoir qui ne leur appartient pas plus qu'à la Norvége ou à la République d'Andorre; elles envahirent ainsi en pleine paix les eaux et les terres de l'empire ottoman.

M. Gambetta, arrivé aux affaires, propose à l'Angleterre l'*action* commune des deux Puissances en Égypte. L'Angleterre accepte en réservant le *mode*. M. Gambetta en témoigne sa grosse satisfaction dans une dépêche du 7 janvier, qu'il faut lire, et qui commence par ces mots : *Je me félicite...* — Il tombe du pouvoir le lendemain. M. de Freycinet lui succède, et s'empresse d'abord de déclarer « qu'il n'a pas encore étudié l'affaire, mais qu'*il lui semble* qu'il est opposé à toute action, soit de la part des deux Puissances, soit de la part de la Turquie ». (Résumé de sa dépêche du 12 janvier.) Bientôt il a changé d'avis, ou de semblant d'avis, et il se met en route pour monter la côte. Il monte en zigzag, et s'arrête de temps en temps

comme un cheval fourbu. Enfin le voilà en haut. L'iniquité se consomme et prend un corps palpable. Des
*déclarations* identiques et des *ultimatums* dans lesquels
on usurpe impudemment le gouvernement intérieur
de l'Égypte sont adressés au Khédive, et la France
envahit, avec l'Angleterre, sans déclaration de guerre,
les eaux de la Turquie.

Entre temps, les habiles diplomates des deux
nations, qui mènent cette sarabande plus folle encore
que vilaine, ont saisi de l'affaire les autres Puissances
signataires du traité de Berlin, et garantes comme
elles de l'intégrité de l'empire ottoman. On sait le reste.
*Conférence*, bombardement, invasion. Tout le monde
s'occupe de l'Égypte, les envahisseurs et les bombar-
deurs comme les autres, et il est signifié à son souverain, le seul qui ait le droit et le devoir de s'en occuper,
de surseoir, d'attendre le résultat des délibérations;
on l'oblige d'assister, garotté, à ce brigandage diplomatique et militaire. Enfin, lorsque tout est sens dessus dessous dans cette malheureuse Égypte envahie et
bombardée, il plaît à cette *Conférence*, qui se tient dans
Constantinople même contre le souverain de Constantinople, de reconnaître tous ses droits, et de lui adresser l'ironique invitation d'en user... sous son contrôle!... et sans gêner la liberté des envahisseurs. Il
devra même, à la fin, se battre avec eux et sous leurs
ordres, contre ses propres sujets, parce que ceux-ci
usent du dernier droit qui reste à l'homme : le droit
naturel de se défendre contre une agression sauvage.

### CONCLUSION ET SOLUTION.

Voilà trois nations, la Turquie, l'Angleterre et la France, qui n'ont pas d'intérêts contraires, et qui devraient être unies pour leur défense commune. Le dix-neuvième siècle ne ressemble pas au onzième. L'Islam n'opprime plus les chrétiens nulle part, et ne les massacre plus ni sur le chemin ni sur le seuil du Grand Tombeau. Les chrétiens jouissent en Orient de la plus entière liberté. A l'égard de la France, la Turquie s'est montrée particulièrement bienveillante en 1870; elle serait venue à notre aide, si d'autres ne l'en avaient empêchée. Les Anglais n'ont nulle part à se plaindre des Turcs; ils commandent dans d'immenses territoires où les fils d'Albion sont aux fils de l'Islam comme 1 est à 10,000. Avec un sens profond, le sultan Abdul-Hamid, dans une audience accordée à lord Dufferin l'hiver dernier, disait à ce représentant de la Grande-Bretagne : « L'Angleterre est, comme la Turquie, une grande puissance musulmane, et, loin d'être contraires, leurs intérêts sont les mêmes. » La France aussi, par son Algérie, qui aurait tant besoin de paix, est une puissance musulmane.

Voilà donc trois nations ayant tout intérêt à être unies, n'en ayant aucun à ne pas l'être, qui se trouvent en conflit et en lutte : les deux premières contre la troisième, et toutes deux en passe de se faire la guerre l'une à l'autre. Pour qu'un tel fait puisse se produire, — M. Clémenceau l'a dit à la Chambre, — il faut qu'il y ait, et il y a, quelqu'un *qui tient le fil* de cet inconcevable et funeste imbroglio. Et celui-là, n'est-ce pas? doit avoir intérêt à l'anéantissement de la Turquie et à l'affaiblissement des deux autres Puissances.

Pendant une de ces nuits d'insomnie causées par le travail douloureux que cette étude m'imposait, dans un de ces moments de fièvre intellectuelle où l'imagination est surexcitée, j'ai deviné le reste de l'énigme à demi expliquée par M. Clémenceau. Le sphinx égyptien me la faisait voir dans toutes ses parties, sous une image orientale.

Je voyais à terre, grelottant, une aigle à deux têtes, déplumée et entravée (ce n'était pas l'aigle russe). Debout auprès, un Laocoon dans l'angoisse, enlacé de deux ou trois serpents, qui finissaient par se mordre entre eux et par tomber à terre, sanglants et meurtris. A quelques pas, un ours gris dressé guettait le moment, et s'apprêtait à embrasser le Laocoon pour l'étouffer, en marchant sur les reptiles. A côté, un hussard de la Mort, jetant à la dérobée un coup d'œil rapide sur son épée, assistait à cette scène, les bras croisés.

Espérons! espérons que cette vision de triste augure n'achèvera pas de devenir une réalité. Déjà il s'est fait de la lumière. Une inspiration d'instinct et de bon sens français a soufflé tout à coup sur la Chambre des députés de France. Après avoir repoussé d'instinct le valet des boursiers qui se précipitait en aveugle, son bon sens l'a décidée à se débarrasser de l'aveugle qui marchait à tâtons, conduisant comme le premier la France aux abîmes. C'est bien.

Mais il faut compléter l'œuvre. Il est un traité à conclure : un triple traité d'alliance défensive (je dis *défensive*) entre la France, l'Angleterre et la Turquie.

La justice et l'honneur d'abord, puis l'intérêt légitime et impérieux de chacune des trois nations, l'imposent. Les bases en seraient aussi simples qu'honorables :

1° L'Angleterre se retirera de l'Égypte et laissera le Sultan entièrement libre de pacifier lui-même sa province, qui continuera ensuite d'être administrée conformément aux traités existants. Le Sultan, de son côté, garantira à l'Angleterre la pleine jouissance du canal de Suez, chemin des Indes, sans autre limite que les droits des tiers. — C'est tout ce qui importe à l'Angleterre, et c'est tout ce qu'elle doit désirer. Quant à la pacification de l'Égypte par le Sultan, elle sera très-facile, la retraite des Anglais devant abattre plus des trois quarts de la besogne.

2° La France, de son côté, se délivrera du boulet qu'elle traîne au pied depuis quinze mois, et qui lui coûte si cher; elle renoncera à cette usurpation inique et équivoque du gouvernement de la Régence de Tunis. Le Sultan garantira à la France, pour ses nationaux, les plus larges facultés à l'effet de maintenir leurs éta-

blissements de commerce, d'industrie et autres, exis-
tant, tant en Égypte qu'en Tunisie, et d'en fonder
de nouveaux, sans autre limite que les droits des indi-
gènes et des tiers, ou moyennant d'équitables com-
pensations acceptées d'eux. — C'est également tout ce
qu'il faut à la France; et la tranquillité de l'Algérie
sera pour elle le fruit de cette alliance, comme celle
des Indes pour l'Angleterre. Ces deux articles appli-
cables respectivement aux deux Puissances.

3° Article *essentiel*. — S'il arrivait qu'une Puissance
européenne quelconque fît mine de vouloir violer le
droit en attaquant l'une quelconque des trois Puissances, alliées pour leur défense commune, outre les
secours que celles-ci se prêteront mutuellement, elles
commenceront par *délivrer indistinctement des lettres de
marque à tous les coureurs des trois nations qui en feront
la demande.*

Cet article, que j'appelle *essentiel*, constitue à lui
seul un excellent contrat d'assurance mutuelle. Il aura
pour effet de donner à réfléchir durant des années à la
Puissance ou aux Puissances qui seraient tentées d'attaquer les trois alliés.

Cette convention sera le pendant du traité secret
conclu à l'insu de la Russie et de la Prusse pendant la
Conférence de Vienne en 1815, entre la France,
l'Angleterre et l'Autriche, au fond pour les mêmes
causes et aux mêmes fins. Comme nous ne sommes
plus à l'époque des traités de Vienne, cette triple
alliance défensive peut parfaitement n'être pas *secrète,*

et c'est pour cela que j'en parle tout haut. Elle devrait même être publiée aussitôt qu'elle aura été conclue.

Et rien n'est plus aisé que de la conclure. En ce qui regarde l'Angleterre, la Chambre des communes n'a qu'à renvoyer les membres du cabinet Gladstone, ou, suivant la formule, les « rappeler dans son sein ». En France, où le terrain est déblayé, ce sera encore plus facile. M. le Président de la République appellera dés hommes de la droite et de la gauche pour former son ministère définitif (le ministère Duclerc ne l'est pas); les règles du gouvernement parlementaire le demandent, le vote contre les crédits ayant été un vote sincère, et non un vote de coalition de partis. Ces messieurs, appelés par le Président, n'auront, en entrant au palais de l'Élysée, qu'à se donner leur parole d'honneur d'ajourner toute querelle intestine, toute question de parti, jusqu'à la fin de la crise extérieure. *Prius est esse quam modus, prius est vivere.* M. Clémenceau n'a pas craint d'invoquer lui-même cette maxime à la tribune. Il ne manque pas d'hommes loyaux à droite pour l'accepter.

La Turquie accueillera aussi cette solution, parce qu'elle est la meilleure et la plus digne pour elle, comme pour les deux autres parties.

Le jour où un tel traité sera signé, et surtout l'article *essentiel*, la Conférence s'en ira en fumée, les trois nations auront congédié la crise, et assuré la paix. Les deux augures du Nord, le Russe et le Prussien, auront le temps de se regarder sans rire.

Vous le savez, Monsieur, vous et vos amis qui suivez le jeu depuis trente ans et plus, cette voie est la voie du salut, et il n'y en a pas d'autre. Il y faut entrer résolûment. *Dieu el volt!*

PIERRE LERMITE.

PARIS. TYPOGRAPHIE DE E. PLON ET Cⁱᵉ, RUE GARANCIÈRE, 8.